চেনা ঠোঁটে গোপন বানান

শৌনক মুখোপাধ্যায়

Made with ❤ on the Notion Press Platform
www.notionpress.com

নব্বই দশক,

তোমাকে।

বিষয়বস্তু

কবিতা ১

আজকাল বড়ো আনমনা লাগে

আনকোরা লাগে চারপাশ

সঙ্গতে ভাবি সংসারী হবো

অবসরে ভাবি সন্ন্যাস

আলোকিত মন অলিখিত ক্ষত

প্রিয় কিছু ক্ষণ হঠাৎ আহত

প্রেম ভেবে যাকে বুক পেতে দিই

তারই বুকে দেখো জ্বালা আছে কত

আমি অশরীরী হতে পারি

যদি

শরীর আমাকে না ভালোবাসে

তুমি থাকো সুখে

আমার চিবুকে

রোমাঞ্চ কাঁদে একা পরবাসে

Aajkal bawro aanmona laage

Aankora laage chaarpaash

Shawngawte bhaabi shawngshaari hawbo

Aboshawre bhaabi shonnaas

Aalokito mon awlikhito khawto

Prio kichhu khawn hothaat aahawto

Prem bhebe jaake book pete di

Taari booke dyakho jaala aache kawto

Aami awshoriri hote paari

Jodi

Shorir aamake naa bhaalobaashe

Tumi thaako shukhe

Aamar chibooke

Romaancho kaade ekaa pawrobaashe

কবিতা ২

যেমনটা হয়ে থাকে রাতুল বিষাদে

নামহারা পাখি এসে উড়ে বসে কাঁধে

কিছু ক্ষণ আমরণ থেকে যায় সাথে

ভালোবাসা রাঙা হয় আঘাতে আঘাতে

.

.

.

.

.

.

.

যেমনটা হয়ে থাকে রাতুল বিষাদে

Jyamonta hoye thaake raatul bishaade

Naamhaaraa paakhi eshe ure bawshe kaadhe

Kichu khawn aamawron theke jaay saathe

Bhaalobaasha raangaa hoy aaghaate aaghate

কবিতা ৩

কাল সারারাত

ঝরেছে শিউলি শুধু এই অজুহাতে

তুমি নেই

জানিনা কখনও তুমি ছিলে কিনা সাথে

বুকেতে অসুখ বাড়ে

আমি ইদানীং

ভুল করে উঠি প্রেমসঙ্গীত

আমার অতীত

অযথা ঝাপটা মারে নিভে আসা চোখে

ভালোবেসে ভুলে যাই যা যা বলে লোকে

তুমি নেই জানা নেই ছিলে কি কখনও

আনমনে ব্যথা গাই

যদি থাকো শোনো

Kaal shaara raat

Jhorechhe shiuli shudhu ei ojuhaate

Tumi nei

Jaaninaa kawkhono tumi chhile kinaa saathe

Bukete awshukh baare

Aami eedaaning

Bhool kore geye uthi premshongeet

Aamaar oteet

Awjawthaa jhaaptaa maare

Nibhe aasha chokhe

Bhaalobeshe bhoole jaai

Jaa jaa bawle loke

Tumi nei Jaanaa nei chhile ki kawkhono

Aanmone byathaa gaai

Jodi thaako

Shono

কবিতা ৪

যদি বলতে বসি

কোথায় কতখানি

জমিয়ে রেখেছি বেদনা অক্ষত

চারপাশে দেখো ভীড় জমে যাবে কতো

নীলামে উঠবে দীর্ঘশ্বাস ইতিহাস লেখা হবে

দুচোখের আঁচে অবসর সেঁকা হবে

তাদের মুখোশে তোমার মুখের ছায়া

পড়বেনা জানি

তুমি রইবে না অকরুণ কোলাহলে

শব্দ গুছিয়ে আঁকবে না মরীচিকা

তাই তো তোমায় এত কিছু এত ভাবে

বলতে চাইছি

অদূরে মুখের সারি

আমার অপূর্ণতা কাকেই বা এতো সাহসে বলতে পারি

Jodi bolte boshi

Kothaay kawto khaani

Jomiye rekhechi bedonaa aawkkhawto

Chaarpaashe dekho bheer jome jaabe kawto

Nilaame uthbe deerghosshaas

Itihaas lekha hawbe

Duchokher aache Awboshawr shyakaa hawbe

Taader mukhoshe tomaar mukher shaari

Porbenaa jaani

Tumi roibe naa awkoroon kolaahawle

Shawbdo guchhiye aakbe naa Morichika

Taai to tomaay Eto kichhu eto bhaabe Bolte chaaichi

Awdure mukher shaari

Aamar awpurnawtaa

Kaakei baa eto shawhoje bolte paari

কবিতা ৫

তোমার জন্য বিছানার এক ফালি

এখনো রেখেছি শুভ্র

অনিন্দিত

সব অভিযোগ আজকেও অলিখিত

.

.

.

.

.

.

.

.

Tomaar jonno bichhaanaar ek phaali

Ekhono rekhechhi shubhro

Awnindito

Shawb obhijog aajkeo awlikhito

কবিতা ৬

অলিন্দে পাখির পালক

আনমনে ভিজিয়েছি চোখ

ব্যথাতুর

ফাগুনের সুর

ছেঁড়া মেঘে দিগন্তপার

অচেনা পাহাড়

হঠাৎ বৃষ্টি পেলে নদী হয়ে যায়

মেঠো জলে

সাধের অতলে নৌকো পাঠায়

ছন্দ মেলাই অবুঝ যতিতে

আঙুলের ফাঁকে

কানের লতিতে

কপোলের স্মিত ওম মেখে নিতে

ঠোঁট বাড়াই

Awlinde paakhir paalok

Aanmone bhijiyechi chokh

Byathaatoor

Phaaguner shoor

Chhera meghe digawnto paar

Awchena paahaar

Hawthaat brishti pele nodi hoye jaay

Metho jawle

Shaadher awtawle noukaa paathaay

Chhawndo melaai awboojh jotite

Aanguler phaake

Kaaner lotite

Kawpoler smito om mekhe nite

Thot baaraai

কবিতা ৭

যারা অনাহত

অবসরে ছুঁতো সিঁদুরে মেঘের ঠোঁট

তারা ইদানিং

কফি কাপে একা

বৃষ্টি ওলোট পালোট

ওরা কেড়ে খায়

মধু মৌচাক

ওরা ভালোবেসে মরে বেঁচে থাকে

ওদের গোপনে গন্ধ পাঠাক

অমাবস্যার জুঁই

যারা ব্যথাহত পলক আনত

তবু আঁজলায় শাঁখ

তাদের শব্দ ছন্দ ভাঙুক

অভিমান যতি পাক

Jaaraa awnaahuto

Awboshawre chhuto shidoore megher thot

Taara eedaaning

Coffee cup e eka

Brishti olot paalot

Ora kere khaay

Modhu mouchaak

Ora bhaalobeshe more beche thaak

Oder gopone gandho paathaak

Awmaabosshaar jui

Jaaraa byathaahawto

Pawlok aanawto

Tobu aajlaay shaakh

Taader shawbdo chhawndo bhaangook

Obhimaan joti paak

কবিতা ৮

জানি মুঝবে না ইতিহাস নোনাজলে

স্মিত নীরবতা আলোকিত কোলাহলে

খুঁজবে না মুখ পরিচিত আদলে

কিছু তারা নাও কিছু তানপুরা

ইমন বেঁধেছি এ মন সন্ধ্যাবেলা

ছায়াপথ বেয়ে হেঁটে যাই কিছু ক্ষণ

যুগলচলনে দোষ নেই

এ জীবন

কে জানে কিভাবে কাঁদাবে আগামীকাল

কাজলে এঁকেছো শ্বেতবলাকার ডানা

সরোবরে একা বসি চলো ক্ষণজীবী

বালুচরে আঁকা আমার একলা পৃথিবী

ভিজবে আবার সাগরিকা চঞ্চলে

নোনাজলে

Jaani muchhbe naa itihaash Nonaa jawle

Smito nirawbawtaa aalokito kolaahawle

Khujbe naa mookh Porichito aadole

Kichhu taaraa naao kichhu taanpura

Imone bedhechhi e mon Shondhaa byalaa

Chhaaya pawth beye hete jaai kichhu khawn

Jugol chawlone dosh nei E jibon

Ke jaane kibhaabe

Kaadaabe aagaami kaal

Kaajole ekechho shet bawlaakaar daana

Shawrobawre Eka boshi chawlo khawno jibi

Baaluchawre aakaa Aamaar eklaa prithibi

Bhijbe aabaar

Shaagorika chawnchawle

Nona jawle

কবিতা ৯

নাহয় জবাব প্রশ্নের আগে

এলো

সাবধানী কাঁটাতার পার করে

নাহয় ধূসর মাটি

মাখামাখি হলো আষাঢ়ের আদরে

হয়তো এখনই

প্রবাসের চিঠি

ছাই মেঘ চিরে পৌঁছলো কোল ঘেঁষে

উড়ে যাওয়া পল্লব ছুঁয়েছে শঙ্খবেলা আজ

অবশেষে

এলোমেলো সব দখিনা বারান্দাতে

তা বলে কি

আজ

আসবে না গোছাতে

Naahoy jawbaab proshner aage

Elo

Shaabdhaani kaata taar paar kore

Naahoy dhushawr maati

Maakhaamaakhi holo aashaarer aadore

Hoyto ekhoni

Probaasher cheethee

Chhai megh cheere pouchholo kol gheshe

Ure jaoa pallawb chhuyeche shawnkhobela aaj

Awbosheshe

Elomelo shawb dokhina baaraandaate

Taabole ki

Aaj

Aashbe naa gochhaate

কবিতা ১০

পেলব আগুনে পুড়ে যেতে যেতে

অভিমানে ফিরে চাই

এখনো মেটেনি নিভে যাওয়া আশ

এখনো গরম ছাই

শ্বাসে অবকাশে আহত প্রবাসে

একা আনমনা বিকালের পাশে

এক আঁজলা সাধ

যদি ফেলে আসি

অপরাধ হবে তা কি

সাঁঝ ঘন হলে অন্ধকমহলে

পোড়াবে প্রদীপ জোনাকি

সহজ দহনে ঋজু হতে হতে নতজানু যাযাবর

যত ক্ষোভ আছে যত বোবা ব্যথা

মৃত পাতা দিয়ে সাজাবো জলসাঘর

Pelawb aagune pure jete jete

Obhimaane phire jaai

Ekhono meteni nibhe jaaoa aash

Ekhono gawrom chhai

Shaashe awbokaashe aahawto probaashe

Eka aanmona bikaaler paashe

Ek aajlaa saadh Jodi phele aashi

Awporaadh hawbe taaki

Saajh ghawno hole Awndhomawhole

Poraabe prodeep jonaaki

Shawhoj dawhone riju hote hote

Nawtojaanu jaajaabawr

Jawto khobh aache jawto bobaa byathaa

Mrito paataa diye Shaajaabo jawlshaaghawr

কবিতা ১১

চাঁদের আদরে

মেঘ মিশে যায়

সাগরে নীলে

কুয়াশা চাদরে

রূপসী অজানা

হাতছানি দিলে

অলীক নিশীথে

রূপকথা গড়ে

চোখের আড়ালে

তুমি নেই বলে

যত কথকথা

কণ্ঠে জমানো

গভীর জড়তা

রজনীগন্ধা ছড়িয়ে বেড়ায় অন্ধপাতালে

Chaader aadore

Megh mishe jaay

Shaagorer neele

Kuyaashaa chaadore

Ruposhi awjaana

Haatchhaani dile

Awleek nishithe

Roopkawtha gawre

Chokher aaraale

Tumi nei bole

Jawto kawthokawthaa

Kawnthe jawmaano

Gobheer jawrotaa

Rajonigawndhaa chhoriye beraay

Awndhopaataale

কবিতা ১২

লাল কাগজে মুড়ে

বিষণ্নতা ভাসিয়ে দিও

মেঘলা সোঁদা জলে

আসমানী ঢেউ

আজ কত কথা বলে

ছলে বলে শতদলে

কেমন করা মন উড়িও

রামধনুকের মীড়ে

প্রাণভোমরা মাখবে মধু পরাগরেণুর ভীড়ে

ছদ্মবেশে প্রেম এসেছে

সূর্য মেশে মেঘে

দৃষ্টি অনসূয়া

আজ বঁধুয়া জীবন জুড়ে

সুর চন্দন চুয়া

Laal kaagoje mure

Bishawnnotaa bhaashiye dio

Meghlaa sodaa jawle

Aasmaani dheu

Aaj kawto kawthaa bawle

Chhawle bawle shawtodawle

Kyamon kawraa mon urio

Raamdhonuker meere

Praanbhomraa maakhbe modhu pawraag renur bheere

Chhawddobeshe prem esheche

Shurjo meshe meghe

Drishti awnawshuya

Aaj bodhuya jobon jure

Shoor Chawndon Chuyaa

কবিতা ১৩

কখনো বলিনি

তবু যদি শুনে থাকো

কি রাগে বেঁধেছি সরোদের ছেঁড়া তার

কিভাবে হেসেছি অনাবিল

নোনাজলে

অবাক জোছনা কাঁদিয়েছে কতবার

কখনো ডাকিনি তবু যদি সাড়া দাও

অসাবধানে

হারিয়ে যেতে যেতে

দেখবে রয়েছে আলপনা রাঙা হাত

ছন্দে ছড়ানো আমার কাঙালপনা

খুঁজবে কি ভাষা

অলিখিত সঙ্কেতে

Kawkhono bolini

Tobu jodi shune thaako

Ki raage bedhechhi

Shawroder chhera taar

Kibhaabe heshechi

Awnaabil Nonaa jawle

Awbaak jochhona kaadiyechhe

Kawtobaar

Kawkhono daakini Tobu jodi shaara daao

Awshaabdhaane Haariye jete jete

Dekhbe royechhe aalpona raangaa haat

Chhawnde chhawraano

Aaamar kaangaalpawnaa

Khujbe ki bhaashaa Awlikhito shawnkete

কবিতা ১৪

যদি প্রেম

পালক বোলায় পলকে গোপনীয়

বেদনা

তুমি সরোদ বাজিও

জলরঙে মুছো ধূসর বিকেল

মন কেমন করা

তারার আলো জ্বেলে

প্রেম যেন ছুটে আসে সব কাজ ফেলে

ব্যথা গাঁথা কিছু আবছা কথার ফাঁকে

বিষবিন্দু আড়াল করে রাখি

কত অভিমান হয়েছে উত্তরীয়

প্রেম এলে

তুমি পাঁজরে ছড় বুলিও

Jodi prem

Paalok bolaay pawloke goponiyo

Bedona

Tumi shawrod baajio

Jawlrawnge muchho dhushawr bikel

Mon kyamon kawraa

Taarar aalo jele

Prem jyano

Chhute aashe shawb kaaj phele

Byathaa gaatha kichu

Aabchha kawthaar phaake

Bishbindu aaraal kore raakhi

Kawto obhimaan hoyeche uttoriyo

Prem ele

Tumi paajore chhawr bulio

কবিতা ১৫

আধখানা ভালো লাগা আঙুলে কখন

ছন্দের আবডালে ভেজাচ্ছে মন

কে জানে

আলস্য অবসর অনভ্যাসের নেশা

বেদনা আমার

পরিভাষা পায় এখানে

অমৃতপিয়াসী

থাকি পাশাপাশি

তবুও প্রাণের সঙ্গে বিবাদ আজীবন

সহসা রক্তে ছলকায় আলো

ভালোবেসে কেউ আমায় জ্বালালো

এতক্ষণ

.

.

Aadhkhaana bhaalo laaga aangule kawkhon

Chhawnder aabdaale bhejaachhe mon

Ke jaane

Aaloshsho awboshawr anobbhaasher nesha

Bedona aamaar

Poribhaashaa paay ekhaane

Awmritopiyaashi

Thaaki paashaapaashi

Tobuo praaner shawnge bibaad aajibon

Shawhoshaa rawkte chhawlkaay aalo

Bhaalobeshe keu aamay jaalaalo

Etokkhon

কবিতা ১৬

যে আমায় কাঁদিয়েছে

তাকে আমি ভালোবাসি

তাই

আমার পাণ্ডুলিপি

তার নামে আখর সাজাই

আমার নিরালা ভোর

আধো ঘুমে যদি কেউ আসে

তার ঘ্রাণে স্নাত হই

সৌরভ প্রতি প্রশ্বাসে

তুমি তাকে ব্যথা বলো

আমি তাকে প্রিয় নামে ডাকি

চেয়ে যাকে কাছে পাইনি

সে

আমার আঁধার ঘরে একলা জোনাকি

Je aamaay kaadiyeche

Taake aami bhaalobaashi Taai

Aamaar paandoolipi

Taar naame aakhor shaajaai

Aamaar niraalaa bhor

Aadho ghume Jodi keu aashe

Taar ghraane shnaato hoi

Shourawbh proti proshshaashe

Tumi taake byathaa bawlo

Aami taake Prio naame daaki

Cheye jaake kaache paini

She

Aamaar aadhaar ghawre Eklaa jonaaki

কবিতা ১৭

প্রবালবনে পবিত্র চিঠি

ছড়িয়ে দিতে দিতে

হারিয়ে যাচ্ছি নীলাভ অনিশ্চিতে

জীবনে অনেক ভুল হলো

অনুভবে

ব্যথাতুর চোখ

তুমি কি আমার

শেষ যন্ত্রণা হবে

.

.

.

.

.

Probaalbone pobitro cheethee

Chhoriye dite dite

Haariye jaacchi nilaabho awnishchite

Jibone awnek bhool holo

Onubhawbe

Byathaatoor chokh

Tumi ki aamaar

Shesh jantronaa hawbe

কবিতা ১৮

যে বৃষ্টিতে ভিজছে তোমার চোখ

আমিও সেই মেঘের দেশে থাকি

যে রোদ্দুরে তোমার হাঁটাচলা

সেই তো আমার দুর্দম বৈশাখী

রাত ঘন হয় ঘনিষ্ঠতা বাড়ে

চাঁদের সাথে জোনাকপোকা ওড়ে

হয়তো তুমি এমন নিষ্ঠুর ক্ষণে

মুখ ঢেকেছো উদাসীন চাদরে

কেন আজকাল তোমার কথা ভেবে

ওলোটপালোট জীবন মূর্ছনা

এই আঁধারে তোমারই সৌরভে

বাঁচতে চাইছি কেন যে বুঝছো না

শুনতে কি পাও ডাকছি তোমায় পরী

দেবে কি আমায় ক্ষণিকের মাধুকরী

Je brishtite bhijchhe tomar chokh

Aamio shei megher deshe thaaki

Je roddure tomaar haata chawlaa

Shei to aamaar durdawm boishaakhi

Raat ghawno hoy ghonishthawtaa baare

Chaader shaathe jonaakpoka ore

Hoyto tumi emon nithoor khawne

Mukh dhekecho udaasheen chaadore

Kyano aajkaal tomaar kawtha bhebe

Olot paalot jibon murchhona

Ei aadhaare tomaari shourawbhe

Baachte chaaichhi kyano je bujchho naa

Shunte ki paao daakchi tomaay pori

Debe ki aamaay khoniker maadhukori

কবিতা ১৯

তুমি ছুঁয়ে দিলে

ধুলোর পৃথিবী

সহসা ছলাৎ নদীর মেজাজে

তোমার চোখের কাজল লাগিয়ে

অনিয়ম মাতে রোজ

বধূসাজে

ভাষাহীন কিছু শুকনো গোলাপ

যেন প্রাণ পায়

তোমার ঘ্রাণের আদলে

যা কিছু বিরল

গহীন অতল

সে সব তোমারই তুলনামূলক আসলে

Tumi chhuye dile

Dhulor prithibi

Shawhoshaa chhawlaat nodir mejaaje

Tomaar chokher kaajol laagiye

Awniyom maate roj

Bodhushaaje

Bhaashaaheen kichu shukno golaap

Jyano praan paay

Tomaar praaner aadole

Jaa kichu birawl

Goheen awtol

Sheshawb tomaari tulonaamulawk aashole

কবিতা ২০

বুকের দীঘি জল থই থই

বোঝো না

তোমায় দেখে পবিত্র হয়

বোঝো না

.

.

.

.

.

.

.

.

বুকের দীঘি জল থই থই

তোমায় দেখে পবিত্র হয়

Booker deeghee jawl thoi thoi

Bojho naa

Tomaay dekhe pobitro hoi

Bojho naa

কবিতা ২১

যেটা প্রেম হয়ে থেকে যায়

অবিরল প্রথা মতো

তার পাশে গাঁথা আছে কিছু ক্ষণ সংযত

দিন শেষে

শতদল মুছে ফেলে

শিশির বিকেল

চোখে মেশে মোহনার ভেজা পাতা

শিকড় ঘেঁষে

আজ নয় দেখবো না রোজকার ধূসর আকাশ

হাঁটবো না সমাবেশ থেকে ফেরা আখর ভীড়ে

আজ শুধু চোখ ঢেকে আঁধারের আনন্দে স্নান

যেটা প্রেম

থেকে যায়

চেনা ঠোঁটে গোপন বানান

Jeta prem

Hoye theke jaay

Awbirawl protha moto

Taar paashe gaatha aache

Kichu khawn shawngjawto Din sheshe

Shawtodawl muchhe phele Shishir bikel

Chokhe meshe mohonaar bheja paataa

Shikawr gheshe

Aaj noy Dekhbo naa rojkaar dhushawr aakaash

Haatbo naa shawmaabesh theke phera

Aakhawr bheere

Aaj shudhu chokh dheke aadhaarer aanonde shnaan

Jeta prem theke jaay

Chena thote gopon baanaan

কবিতা ২২

শোবার ঘরে নীলচে আলো

নেপথ্যে গুলজার

শরৎ আসার প্রথম রাতে

যখন অন্ধকার

পায়ের আঙুল যাচ্ছে ভিজে

বৃষ্টি তুমি আজ

অসাবধানে জাগিয়ে গেলে

গোপন গন্ধরাজ

আজকে তবে বালিশ জানুক

আলস্য কাব্য

যা কিছু নেই ফিরবে না আর

সেই বেদনার আঙুল ছুঁয়ে

যন্ত্রণা ভাববো

.

.

Shobaar ghawre nilche aalo

Nepawtthe Gulzar

Sharot aashaar prothom raate

Jakhon awndhokaar

Paayer aangul jaacche bheeje

Brishti tumi aaj

Awshaabdhaane jaagiye gele

Gopon gawndhoraaj

Aajke tawbe baalish jaanuk

Aaloshsho kaabbo

Jaa kichhu nei phirbe naa aar

Shei bedonaar aangul chhuye

Jawntronaa bhaabbo

শেষমেশ

কিছু যদি বলার থাকে:
   snksounak@gmail.com